Inhalt

Tagesgeldkonten - ideale Parkplätze für krisengebeutelte Anleger?

Kernthesen

Beitrag

Fallbeispiele

Weiterführende Literatur

Impressum

Tagesgeldkonten - ideale Parkplätze für krisengebeutelte Anleger?

T. Trares

Kernthesen

- Als Parkplätze für die Gelder krisengebeutelter Anleger fungieren unter anderem Tages- und Festgeldkonten.
- Diese Anlageformen galt bei einer relativ hohen Verzinsung bis zuletzt als äußerst sicher.
- Allerdings haben die Pleiten der ausländischen Institute Kaupthing und Parex gezeigt, dass auch Tages- und Festgeldkonten mit Risiken behaftet sind.

- Darüber hinaus sinkt auch noch die Verzinsung der Tages- und Festgelder, seitdem die Europäische Zentralbank (EZB) die Leitzinsen zurückgenommen hat.
- Hohe Zinsen bieten nach wie vor Direktbanken wie die DAB Bank oder Cortal Consors, dies allerdings zu restriktiven Bedingungen.

Beitrag

In der Finanzkrise flüchten die Anleger aus den Aktien und anderen riskanten Anlageformen und parken ihr Geld auf den vermeintlich sicheren Tagesgeld- und Festgeldkonten. Allerdings haben die Pleiten der isländischen Kaupthing Bank und der lettischen Parex Bank verdeutlicht, dass selbst Tagesgeld- und Festgeldkonten nicht absolut sicher sind. Seitdem die EZB die Zinsen zuletzt deutlich gesenkt hat, ist auch bei den Tages- und Festgeldkonten die Verzinsung rückläufig. Als sicherste Anbieter gelten die Sparkassen und Genossenschaftsbanken, allerdings bieten sie auch die niedrigste Verzinsung.

Tagesgeld und Festgeld in der

Krise gesucht

Aufgrund der Krise an den Finanzmärkten steht bei den Anlegern nun verstärkt der Sicherheitsaspekt im Vordergrund. Folglich kehren sie riskanten Anlageformen wie Aktien den Rücken und parken ihre Gelder auf Tagesgeld- und Festgeldkonten. Doch auch dort sinken inzwischen die Zinsen. Bei den Sparkassen und Volks- und Raiffeisenbanken gingen seit Oktober 2008 die Sätze um mehr als 1,5 Prozentpunkte zurück. Die Privatbanken dagegen reduzierten ihre Zinsen für Tagesgeldkonten um 0,9 Prozentpunkte. Die Wende kam als die Notenbanken im Spätsommer vergangenen Jahres einen neuen Zinssenkungszyklus einläuteten. Für zwölfmonatige Festgelder wurden zuletzt im Schnitt 4,48 Prozent geboten. Beim Tagesgeld bis 5 000 Euro lag die durchschnittliche Verzinsung bei 3,48 Prozent. (5), (7)

Autobanken nehmen keine Privatkunden mehr auf

Auffallend gute Konditionen bieten die Autobanken. Denn sie sind noch mehr auf die Refinanzierung durch Kundeneinlagen angewiesen als herkömmliche Geschäfts- oder Direktbanken. Allerdings machen manche Kfz-Finanzierer nun die Schotten dicht. Sowohl bei der Mercedes-Benz-Bank als auch bei der BMW-Bank können Privatleute vorübergehend keine Festgeldkonten mehr eröffnen, bei der Mercedes-Tochter auch keine Tagesgeldkonten. Zu viele Interessenten sind auf die Offerten mit bis zu 5,4 Prozent Rendite für eine einjährige Anlage angesprungen. (1), (5)

Direktbanken mit hohen Zinsen zu restriktiven Bedingungen

Die Direktbanken fallen derzeit vor allem durch ihre undurchsichtige Preispolitik auf. Zwar garantieren die Institute auf den ersten Blick eine hohe Verzinsung, allerdings ist diese oft nur an ganz bestimmte Bedingungen geknüpft. So muss der Interessent bei manchen Angeboten zusätzlich noch ein Depot eröffnen oder aber die Angebote gelten nur für einen bestimmten Zeitraum. Die höchsten Renditen verspricht derzeit mit acht Prozent die DAB Bank, gefolgt von Cortal Consors, die sechs Prozent Verzinsung auf das Tagesgeldkonto in Aussicht stellt. Bei der Commerzbank-Tochter Comdirect sind es 4,5 Prozent fürs Tagesgeld. Obendrein gab es bis Ende Januar noch ein Startguthaben von 75 Euro für alle, die ein Girokonto bei dem Institut eröffneten. Auch die ING-Diba hat eine Extra-Zins-Aktion mit vier Prozent aufs Tagesgeld aufgelegt. (4)

Kaupthing und Parex lassen auch Tagesgelder riskant erscheinen

Lange Zeit galten Tagesgeld- und Festgeldkonten als sichere Anlageformen. Dies hat sich mit dem Ausbruch der Finanzkrise und den Pleiten der isländischen Kaupthing Bank und der lettischen Parex Bank schlagartig geändert. Die beiden Institute hatten deutschen Kunden hohe Zinsen für Tages- und Festgeld geboten. Doch die Institute gingen infolge der Finanzkrise insolvent und wurden inzwischen verstaatlicht. Im Oktober machte das deutsche Tochterinstitut der Bank Kaupthing seine Konten dicht. Rund 30 000 deutsche Sparer mit einer Anlagesumme von insgesamt 300 Millionen Euro sind betroffen. Noch ist offen, ob und wann die Anleger ihr Geld zurückbekommen. Seither sind bei der Geldanlage wieder Kriterien wichtig, die früher kaum eine Rolle gespielt haben, so etwa welchen Einlagensicherungssystemen ein Institut angehört. (6)

Fallbeispiele

Mit der niederländischen Geschäftsbank NIBC, die dem US-Investor Christopher Flowers gehört, ist nun ein neuer Wettbewerber auf den deutschen Markt gekommen. Flowers ist hierzulande vor allem durch seine Engagements bei dem angeschlagenen Immobilienfinanzierer Hypo Real Estate sowie bei der HSH Nordbank bekannt geworden. Der Investor startete seine Direktbankmarke NIBC Direct erst im September vergangenen Jahres im Heimatmarkt. Den deutschen Markt betritt er nun zu Kampfkonditionen. Die Zinsen für Tagesgeld liegen bei fünf Prozent und für Festgeld bei bis zu 5,5 Prozent. Die Einlagen bei der NIBC Direct unterliegen der gesetzlichen Einlagensicherung der Niederlande. (2)

Der Online-Broker Cortal Consors bietet derzeit Neukunden eine Verzinsung von sechs Prozent auf seine Tagesgeldkonten. Zudem müssen sie ein Wertpapierdepot eröffnen und innerhalb der ersten drei Monate ein Volumen von 6 000 Euro dort platzieren und dieses auch über den gesamten Zeitraum halten. Auch erhält man die sechs Prozent Zinsen nur für sechs Monate bis zu einem Betrag von 25 000 Euro. Wird eine der Bedingungen vernachlässigt, fällt der Kunde auf den derzeit geltenden variablen Zinssatz zurück, der zurzeit um die drei Prozent liegt. (2), (4)

Auch bei der DAB Bank sind die Zinsen von acht Prozent an Bedingungen geknüpft. Diese gibt es nur für Neukunden, die ein Depot eröffnen und bis Mitte März ein Depot mit Wertpapieren im Wert von mehr als 100 000 Euro auf das Institut übertragen. Das ganze gilt allerdings nur für Anlagebeträge bis 30 000 Euro und auch nur bis Ende Juni. (4)

Während die Angebote von Cortal Consors und der DAB Bank klassische Neukundenprämien sind, sollen die Extra-Zinsen der ING-Diba auch Bestandskunden belohnen. Zum 31. Dezember 2008 hat das Institut das Guthaben seiner Kunden auf Tagesgeldkonten festgestellt und sie Anfang Januar informiert, dass jeder darüber hinausgehende Euro vom 1. Februar bis 30. April 2009 mit vier statt drei Prozent verzinst wird. Vorher und nachher gilt der reguläre Extra-Konto-Zins von drei Prozent. Wer innerhalb des Extra-Zins-Zeitraums ein neues Konto eröffnet, profitiert ebenfalls von den höheren Zinsen. (4)

Max Herbst von der FMH Finanzberatung rät Bankkunden auf folgende Punkte zu achten: eine möglichst lange Zinsgarantie, kurze Festgeldlaufzeiten und keine Koppelgeschäfte, bei denen ein hoher Zins nur gezahlt wird, wenn zum

Beispiel gleichzeitig Wertpapiere übertragen und ein Depot eröffnet werden. Letzteres ist etwa bei Cortal Consors Bedingung, wenn man den aktuell beworbenen Tagesgeldzins von 6,0 Prozent kassieren will. Dass die Bank dem Einlagensicherungsfonds angehört oder einer in der EU üblichen Sicherungseinrichtung, ist in Zeiten der Finanzkrise ohnehin selbstverständlich. (5)

Viele Topzinsangebote kommen von ausländischen Banken, die nicht der gesetzlichen deutschen Einlagensicherung angehören. Dort sind die Einlagen aber nicht in gleichem Maße geschützt. Sparguthaben bei Banken in den Niederlanden oder Österreich waren im Falle einer Bankenpleite nur bis zu einem Betrag von 20 000 Euro völlig sicher. Die Notenbank der Niederlande hat mittlerweile einen neuen Höchstbetrag von 100 000 Euro zugesichert. Viele dort ansässige Banken werben bereits mit dieser Zusage. Dennoch raten die Experten von Finanztest, dort trotzdem nur Summen bis zu 20 000 Euro anzulegen. Denn die Zusage der niederländischen Notenbank ist nicht per Gesetz festgelegt und gilt auch nur befristet für ein Jahr. (8)

Weiterführende Literatur

(1) Zu viele Kunden Autobanken stoppen Festgeld-

Angebot
aus Frankfurter Rundschau v. 07.02.2009, S.18,
Ausgabe: S Stadt

(2) Flowers mischt deutschen Tagesgeldmarkt auf
Niederländische NIBC startet mit Kampfkonditionen
aus Börsen-Zeitung, 04.02.2009, Nummer 23, Seite 4

(3) Tagesgeld-Konditionen sinken weiter Anbieter
reagieren bislang aber kaum auf jüngste EZB-
Zinssenkung - Umfrage der Börsen-Zeitung
aus Börsen-Zeitung, 17.01.2009, Nummer 11, Seite 4

(4) Bei hochprozentigem Tagesgeld nicht blenden
lassen Die Niedrigzinsphase macht den Banken zu
schaffen - Nur dank vieler Fußnoten lässt sich noch
mit großen Zahlen werben
aus DIE WELT, 10.01.2009, Nr. 8, S. 17

(5) Geld sammeln // Tages- und Festgeld bringt mehr
als fünf Prozent. Zinsvergleiche zahlen sich aus
aus Der Tagesspiegel Nr. 20137 VOM 08.01.2009 SEITE
020

(6) Zittern ums Tagesgeld
aus Süddeutsche Zeitung, 30.12.2008, Ausgabe
Deutschland, Bayern, München, S. 26

(7) Festgeld. Mehr Zinsen bei gleichem Risiko
aus Capital vom 22.01.2009, Seite 92

(8) Mit Sicherheit gewinnen
aus FAZ.NET, 17.12.2008

Impressum

Tagesgeldkonten - ideale Parkplätze für krisengebeutelte Anleger?

Bibliografische Information der deutschen Nationalbibliothek

Die Deutsche Nationalbibliothek verzeichnet diese Publikation in der deutschen Nationalbibliografie; detaillierte bibliografische Daten sind im Internet über http://dnb.d-nb.de abrufbar.

ISBN: 978-3-7379-0604-3

© 2015 GBI-Genios Deutsche Wirtschaftsdatenbank GmbH, Freischützstraße 96, 81927 München, www.genios.de

Alle Rechte vorbehalten. Dieses Werk ist einschließlich aller seiner Teile – z.B. Texte, Tabellen und Grafiken - urheberrechtlich geschützt. Jede Verwertung außerhalb der Grenzen des Urheberrechtsgesetzes bedarf der vorherigen Zustimmung des Verlags. Dies gilt insbesondere auch für auszugsweise Nachdrucke, fotomechanische

Vervielfältigungen (Fotokopie/Mikroskopie), Übersetzungen, Auswertungen durch Datenbanken oder ähnliche Einrichtungen und die Einspeicherung und Verarbeitung in elektronischen Systemen.